Impressum
Verlag: BABADADA GmbH, Nedderfeld 112 , 22529 Hamburg
Geschäftsführer / Verlagsleitung: Harald Hof
Druck: Books on Demand GmbH, In de Tarpen 42, 22848 Norderstedt

Imprint
Publisher: BABADADA GmbH, Nedderfeld 112 , 22529 Hamburg, Germany
Managing Director / Publishing direction: Harald Hof
Print: Books on Demand GmbH, In de Tarpen 42, 22848 Norderstedt

escuela

el colegio

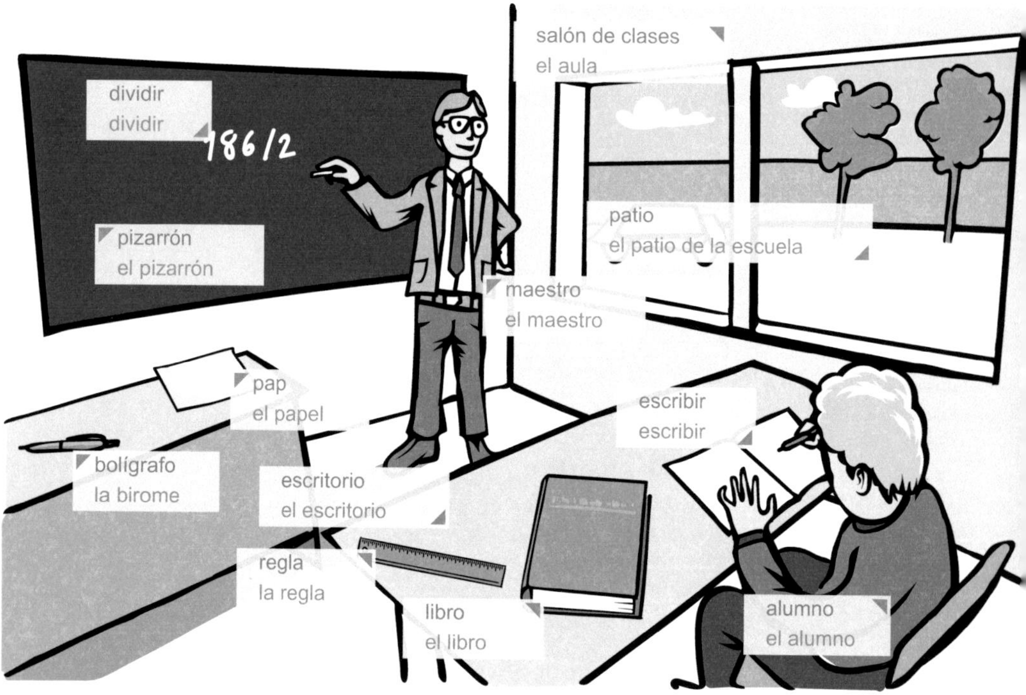

salón de clases
el aula
dividir
dividir
186/2
pizarrón
el pizarrón
patio
el patio de la escuela
maestro
el maestro
pap
el papel
escribir
escribir
bolígrafo
la birome
escritorio
el escritorio
regla
la regla
libro
el libro
alumno
el alumno

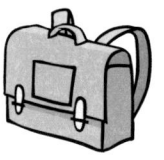

mochila

la mochila

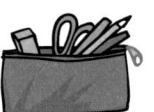

caja de lápices

la caja de lápices

lápiz

el lápiz

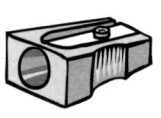

sacapuntas

el sacapuntas

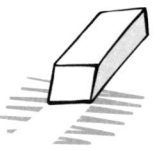

goma de borrar

la goma (de borrar)

bloc de dibujo

el bloc de dibujo

dibujo

el dibujo

pincel

el pincel

caja de lápices de color

la caja de pinturas

tijeras

la tijera

pegamento

el pegamento

libro de ejercicios

el cuaderno de ejercicios

tarea

la tarea

número

el número

sumar

sumar

restar

restar

multiplicar

multiplicar

calcular

calcular

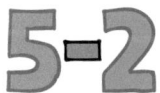

letra

la letra

alfabeto

el abecedario

palabra

la palabra

texto

el texto

leer

leer

tiza

la tiza

lección

la lección

cuaderno de clase

el cuaderno de clase

examen

el examen

certificado

el certificado

uniforme

el uniforme escolar

educación

la educación

enciclopedia

la enciclopedia

universidad

la universidad

microscopio

el microscopio

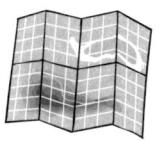

mapa

el mapa

bote de basura

el tacho (de basura)

viaje
el viaje

hotel
el hotel
Grand
hostel
el hostel
ROOMS
casa de cambio
la casa de cambio
EXCHANGE
maleta
la valija
carro
el auto

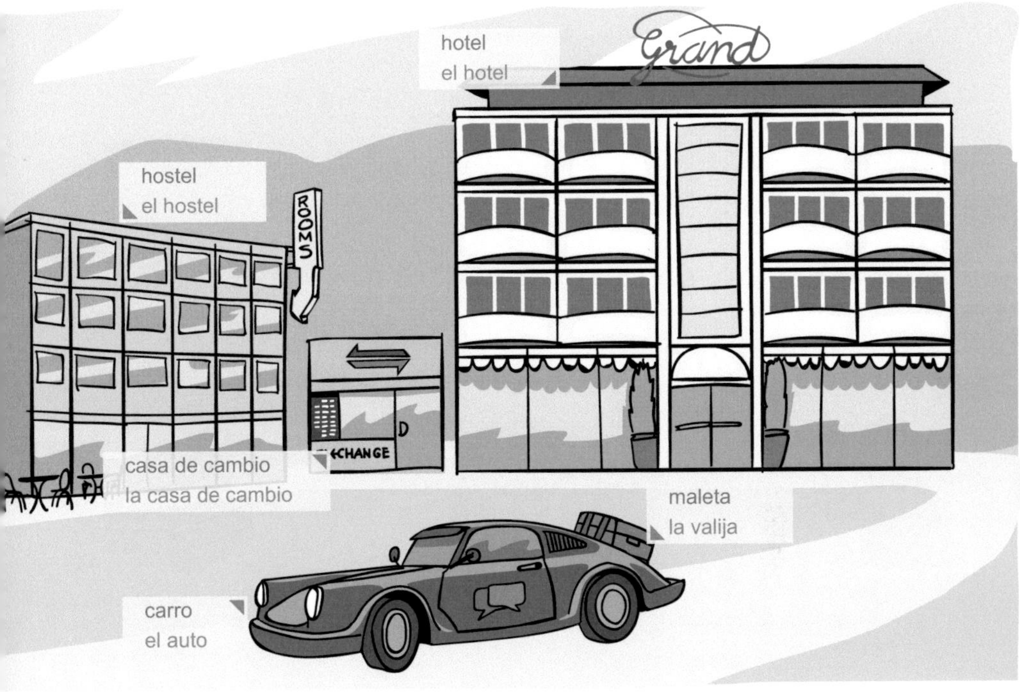

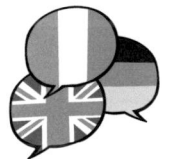

idioma
el idioma

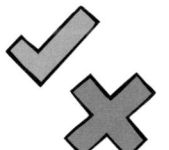

sí / no
sí / no

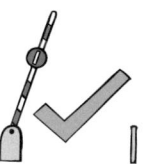

Órale
Está bien

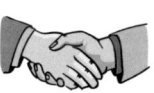

hola
hola

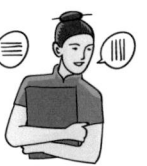

traductor
el traductor

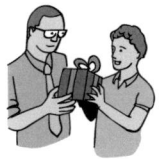

Gracias
Gracias

¿cuánto cuesta…?

¿cuánto cuesta…?

No entiendo

No entiendo

problema

el problema

¡Buenas tardes!

¡Buenas tardes!

¡Buenos días!

¡Buenos días!

¡Buenas noches!

¡Buenas noches!

adiós

el adiós

dirección

la dirección

equipaje

el equipaje

bolsa

el bolso

mochila

la mochila

invitado

el invitado

recámara

la habitación

bolsa de dormir

la bolsa de dormir

tienda de campaña

la carpa

información turística

la información turística

playa

la playa

tarjeta de crédito

la tarjeta de crédito

desayuno

el desayuno

almuerzo

el almuerzo

cena

la cena

billete

el pasaje

ascensor

el ascensor

sello

el sello

frontera

la frontera

aduana

la aduana

embajada

la embajada

visa

la visa

pasaporte

el pasaporte

transporte
el transporte

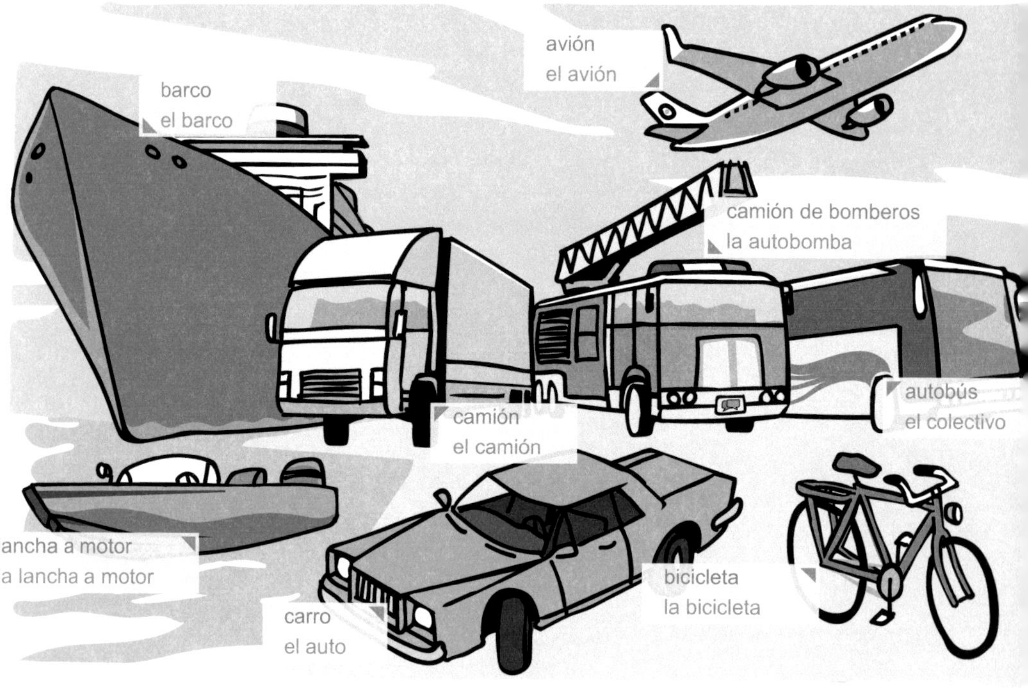
avión
el avión
barco
el barco
camión de bomberos
la autobomba
autobús
el colectivo
camión
el camión
lancha a motor
la lancha a motor
bicicleta
la bicicleta
carro
el auto

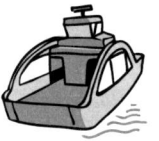

ferry
el ferry

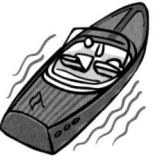

bote
el bote

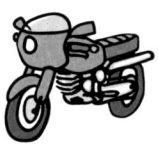

motocicleta
la moto

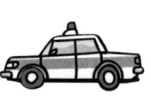

patrulla
el patrullero

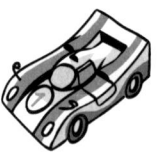

coche de carreras
el auto de carreras

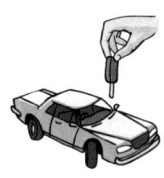

auto para rentar
el auto de alquiler

renta de autos

el alquiler de autos

grúa

la grúa

camión recolector de basura

el camión de la basura

motor

el motor

gasolina

la nafta

gasolinera

la estación de servicio

señal de tráfico

la señal de tránsito

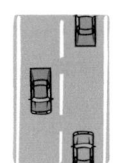

tránsito

el tránsito

embotellamiento

el embotellamiento

aparcamiento

el estacionamiento

estación de tren

la estación de tren

vías

las vías

tren

el tren

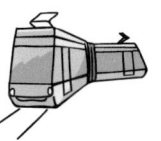

tranvía

el tranvía

vagón

el vagón

helicóptero

el helicóptero

aeropuerto

el aeropuerto

torre

la torre

pasajero

el pasajero

contenedor

el contenedor

caja de cartón

la caja de cartón

carretilla

la carretilla

cesta

la canasta

despegar / aterrizar

despegar / aterrizar

ciudad
la ciudad

pueblo

el pueblo

centro de ciudad

el centro de la ciudad

casa

la casa

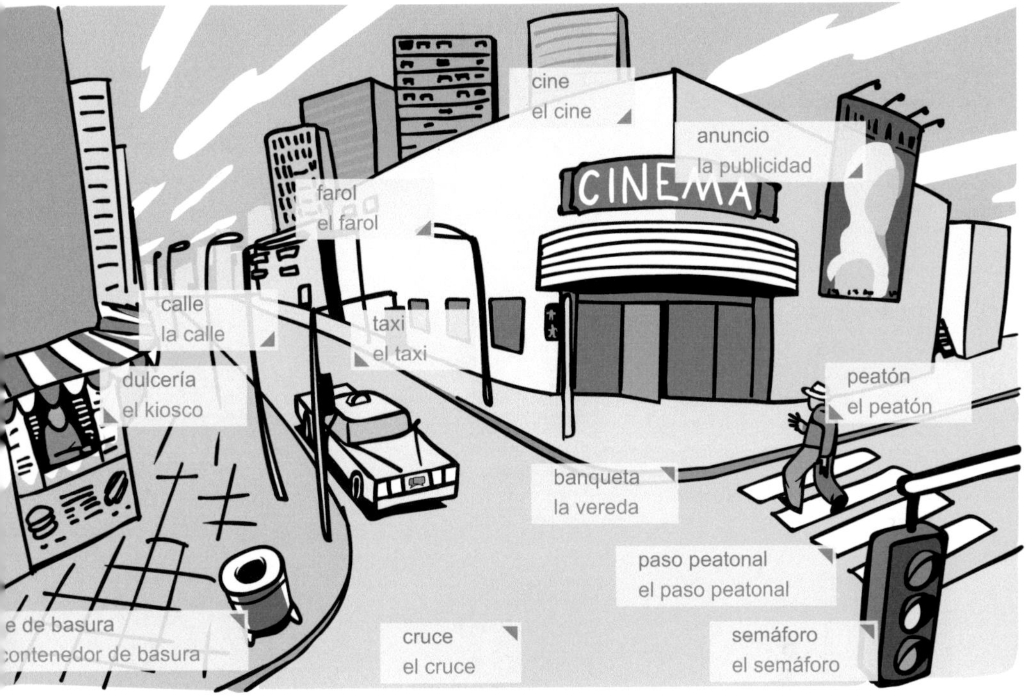

cine
el cine
anuncio
la publicidad
CINEMA
farol
el farol
calle
la calle
taxi
el taxi
dulcería
el kiosco
peatón
el peatón
banqueta
la vereda
paso peatonal
el paso peatonal
e de basura
contenedor de basura
cruce
el cruce
semáforo
el semáforo

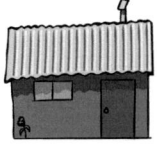

cabaña

la cabaña

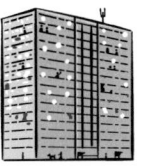

apartamento

el departamento

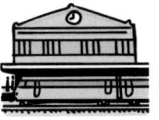

estación de tren

la estación de tren

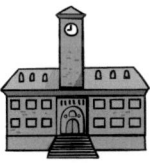

ayuntamiento

la municipalidad

MUSEUM

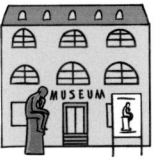

museo

el museo

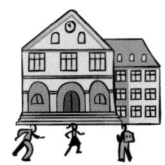

escuela

el colegio

universidad

la universidad

banco

el banco

hospital

el hospital

hotel

el hotel

farmacia

la farmacia

oficina

la oficina

librería

la librería

tienda

el negocio

florería

la florería

supermercado

el supermercado

mercado

el mercado

grandes tiendas

las grandes tiendas

pescadería

la pescadería

centro comercial

el centro comercial

puerto

el puerto

parque

el parque

banco

el banco

puente

el puente

escaleras

las escaleras

metro

el subte

túnel

el túnel

parada de autobús

la parada del colectivo

bar

el bar

restaurante

el restaurante

buzón

el buzón

letrero

el letrero

parquímetro

el parquímetro

zoológico

el zoológico

alberca

la pileta

mezquita

la mezquita

granja

la granja

contaminación

la contaminación

cementerio

el cementerio

iglesia

la iglesia

área de niños

los juegos infantiles

templo

el templo

paisaje
el paisaje

hoja
la hoja

señal
el poste indicador

camino
el camino

pradera
la pradera

piedra
la piedra

caminante
el excursionista

árbol
el árbol

río
el río

pasto
la hierba

flor
la flor

valle

el valle

montaña

la montaña

lago

el lago

bosque

el bosque

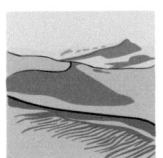

desierto

el desierto

volcán

el volcán

castillo

el castillo

arco iris

el arco iris

champiñón

el champiñón

palmera

la palmera

mosquito

el mosquito

mosca

la mosca

hormiga

la hormiga

abeja

la abeja

araña

la araña

escarabajo

el escarabajo

rana

la rana

ardilla

la ardilla

erizo

el erizo

liebre

la liebre

lechuza

la lechuza

pájaro

el pájaro

cisne

el cisne

jabalí

el jabalí

ciervo

el ciervo

alce

el alce

embalse

la presa

turbina eólica

el aerogenerador

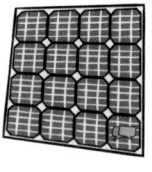

pansolar

el panel solar

clima

el clima

restaurante
el restaurante

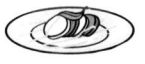

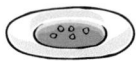

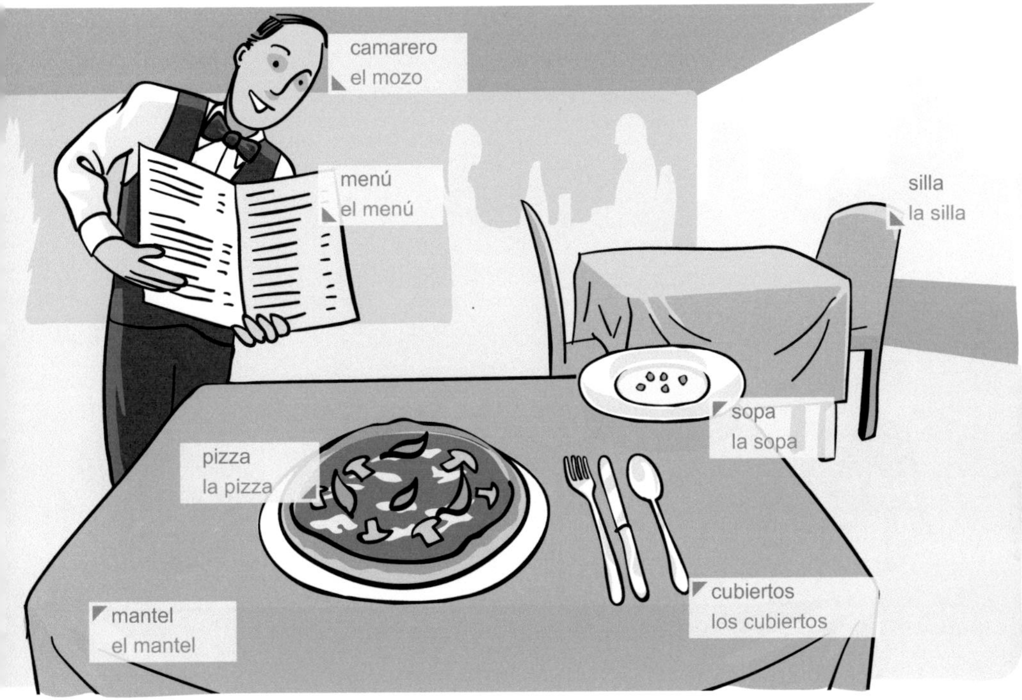

camarero
el mozo
menú
el menú
silla
la silla
sopa
la sopa
pizza
la pizza
cubiertos
los cubiertos
mantel
el mantel

entrada

la entrada

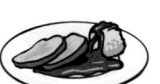

plato fuerte

el plato principal

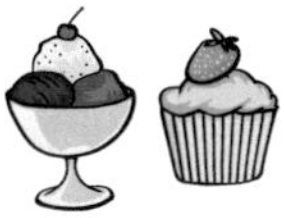

postre

el postre

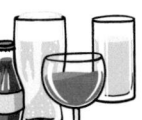

bebidas

las bebidas

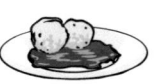

comida

la comida

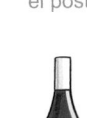

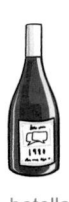

botella

la botella

comida rápida
....
la comida rápida

comida de calle
....
la comida callejera

tetera
....
la tetera

azucarera
....
la azucarera

porción
....
la porción

cafetera espresso
....
la cafetera expreso

periquera
....
la sillita alta

cuenta
....
la cuenta

charola
....
la bandeja

cuchillo
....
el cuchillo

tenedor
....
el tenedor

cuchara
....
la cuchara

cuchara de té
....
la cucharita

servilleta
....
la servilleta

vaso
....
el vaso

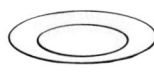

plato

el plato

plato hondo

el plato hondo

plato

el plato

salsa

la salsa

salero

el salero

molino para pimienta

el molinillo de pimienta

vinagre

el vinagre

aceite

el aceite

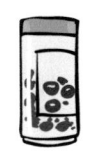

especias

las especias

kétchup

el kétchup

mostaza

la mostaza

mayonesa

la mayonesa

supermercado
el supermercado

oferta especial
la oferta especial
FOR
cliente
el cliente
productos lácteos
los lácteos
fruta
la fruta
carrito para compras
el changuito

BUTCHERS

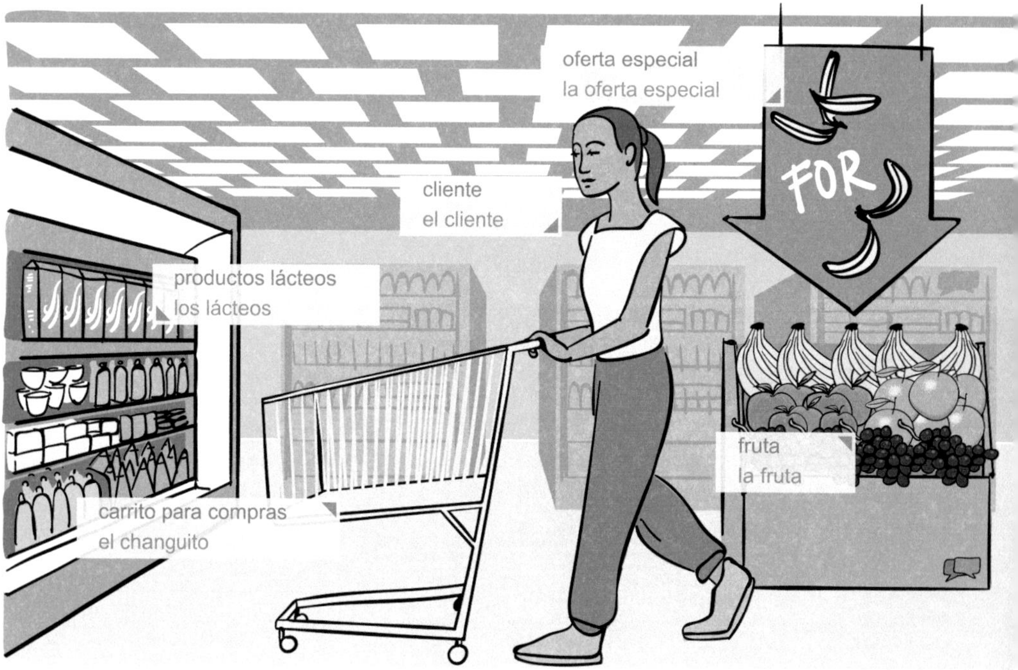

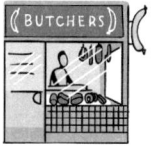

carnicería

la carnicería

BAKERY

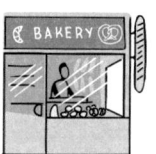

panadería

la panadería

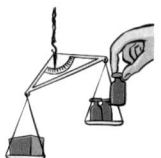

pesar

pesar

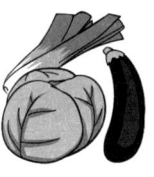

vegetales

las verduras

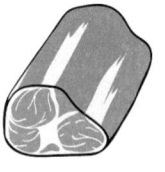

carne

la carne

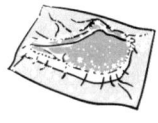

alimentos congelados

los alimentos congelados

carnes frías
....
los fiambres

alimentos enlatados
....
los alimentos enlatados

detergente en polvo
....
el detergente en polvo

dulces
....
las golosinas

electrodomésticos
....
los electrodomésticos

productos de limpieza
....
los productos de limpieza

vendedora
....
la vendedora

caja
....
la caja

cajero
....
el cajero

lista de compras
....
la lista de compras

horario de atención al
público
....
el horario de atención

cartera
....
la billetera

tarjeta de crédito
....
la tarjeta de crédito

bolsa
....
la cartera

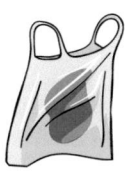

bolsa de plástico
....
la bolsa de plástico

agua

el agua

jugo

el jugo

leche

la leche

refresco de cola

la bebida cola

vino

el vino

cerveza

la cerveza

alcohol

el alcohol

cacao

el cacao

té

el té

café

el café

espresso

el café expreso

cappuccino

el cappuccino

plátano
la banana

manzana
la manzana

naranja
la naranja

melón
el melón

limón
el limón

zanahoria
la zanahoria

ajo
el ajo

bambú
el bambú

cebolla
la cebolla

champiñón
el champiñón

nueces
las nueces

fideos
los fideos

espaguetis

los tallarines

arroz

el arroz

ensalada

la ensalada

patatas fritas

las papas fritas

patatas fritas

las papas fritas

pizza

la pizza

hamburguesa

la hamburguesa

emparedado

el sándwich

filete

el churrasco

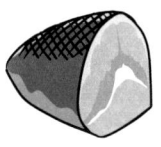

jamón

el jamón

salami

el salame

salchicha

la salchicha

pollo

el pollo

asado

el asado

pescado

el pescado

copos de avena

los copos de avena

muesli

el muesli

copos de maíz

los copos de maíz

harina

la harina

cuernito

la medialuna

bolillo

el pancito

pan

el pan

tostada

la tostada

galletas

las galletitas

mantequilla

la manteca

cuajada

la cuajada

pastel

la torta

huevo

el huevo

huevo frito

el huevo frito

queso

el queso

helado

el helado

azúcar

el azúcar

miel

la miel

mermelada

la mermelada

crema de chocolate

la pasta de chocolate

curry

el curry

granja

la granja

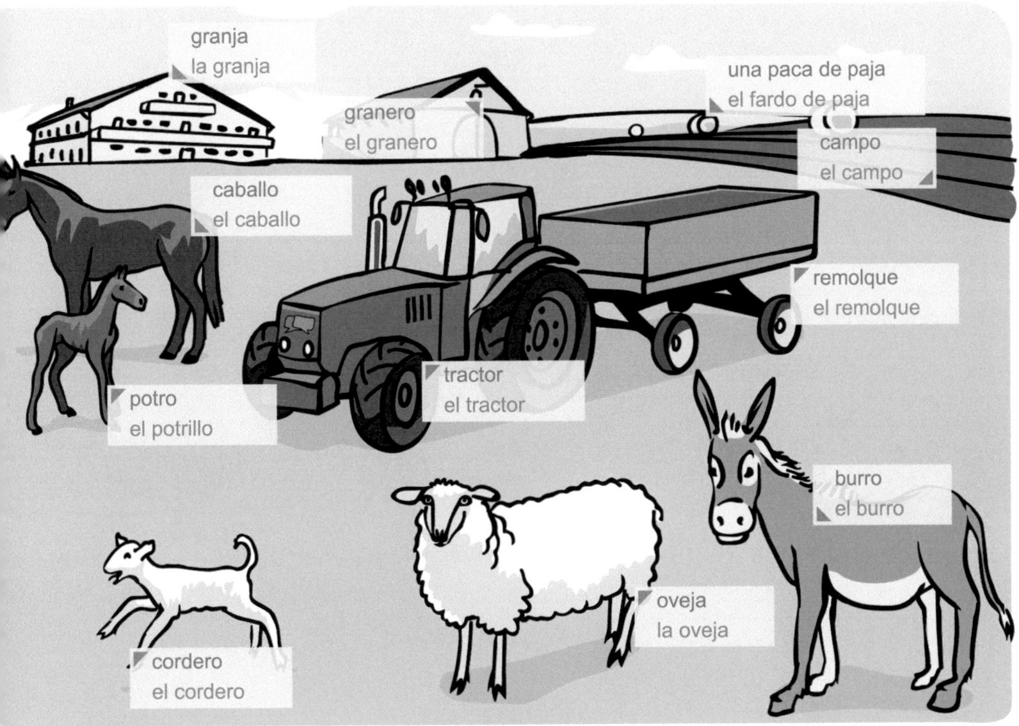
granja
la granja
granero
el granero
una paca de paja
el fardo de paja
campo
el campo
caballo
el caballo
remolque
el remolque
tractor
el tractor
potro
el potrillo
burro
el burro
oveja
la oveja
cordero
el cordero

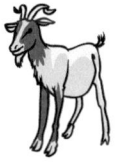

cabra

la cabra

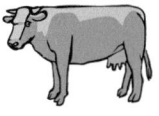

vaca

la vaca

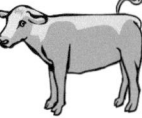

ternero

el ternero

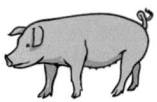

cerdo

el cerdo

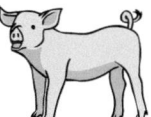

lechón

el lechón

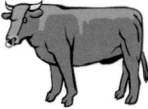

toro

el toro

ganso

el ganso

pato

el pato

pollo

el pollo

gallina

la gallina

gallo

el gallo

rata

la rata

gato

el gato

ratón

el ratón

buey

el buey

perro

el perro

casa dperro

la cucha

manguera

la manguera

regadera

la regadera

guadaña

la guadaña

arado

el arado

hoz

la hoz

azadón

la azada

horquilla

la horquilla

hacha

el hacha

carretilla

la carretilla

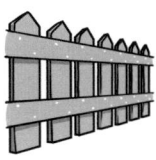

bebedero

el abrevadero

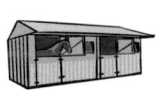

bote de leche

la lechera

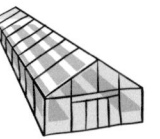

saco

la bolsa

valla

la reja

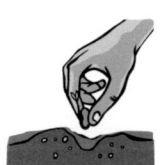

establo

el establo

invernadero

el invernadero

suelo

el suelo

semilla

la semilla

fertilizador

el fertilizador

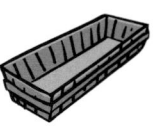

cosechadora

la cosechadora

cosechar

cosechar

cosecha

la cosecha

camote

las batatas

trigo

el trigo

soja

la soja

patata

la papa

maíz

el maíz

semilde colza

la semilla de colza

árbol frutal

el árbol frutal

mandioca

la mandioca

cereales

los cereales

chimenea
la chimenea

tejado
el techo

canalón
el caño de desagüe

ventana
la ventana

garaje
el garaje

timbre
el timbre

puerta
la puerta

bote de basura
el tacho de basura

buzón
el buzón

jardín
el jardín

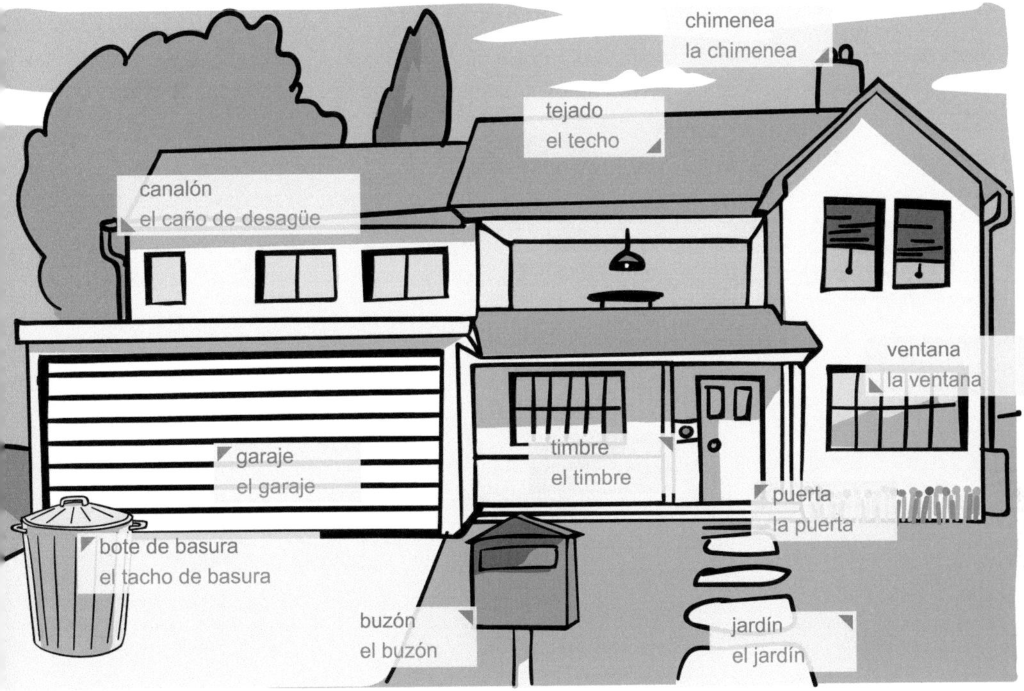

estancia

el living

baño

el baño

cocina

la cocina

recámara

el dormitorio

recámara de los niños

el cuarto de los chicos

comedor

el comedor

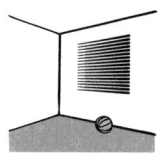

suelo

el piso

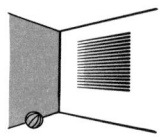

pared

la pared

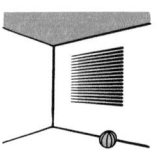

techo

el cielorraso

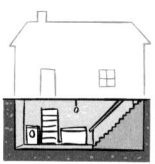

sótano

el sótano

sauna

el sauna

balcón

el balcón

terraza

la terraza

alberca

la pileta

cortacésped

la cortadora de pasto

sábana

la sábana

colcha

el acolchado

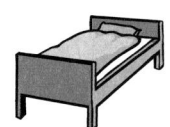

cama

la cama

escoba

la escoba

balde

el balde

interruptor

el interruptor

estancia
el living

pappara empapelar
el empapelado
imagen
la imagen
lámpara
la lámpara
estante
el estante
alacena
el armario
televisión
la televisión
chimenea
la chimenea
flor
la flor
cojín
el almohadón
sofá
el sofá
florero
el florero
control remoto
el control remoto

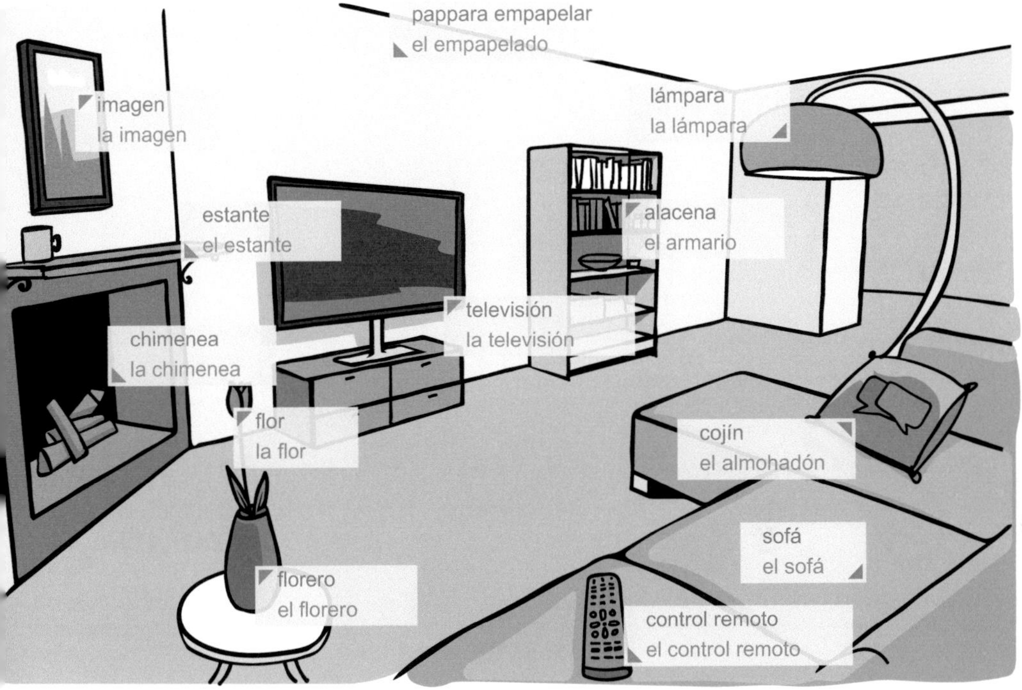

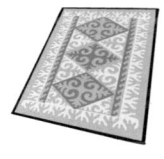

alfombra

la alfombra

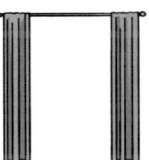

cortina

la cortina

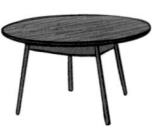

mesa

la mesa

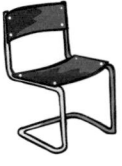

silla

la silla

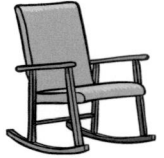

mecedora

la mecedora

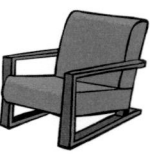

sillón

el sillón

libro

el libro

frazada

la frazada

decoración

la decoración

leña

la leña

película

la película

equipo de música

el equipo de música

llave

la llave

periódico

el diario

pintura

la pintura

póster

el póster

radio

la radio

cuaderno

el cuaderno

aspiradora

la aspiradora

cactus

el cactus

vela

la vela

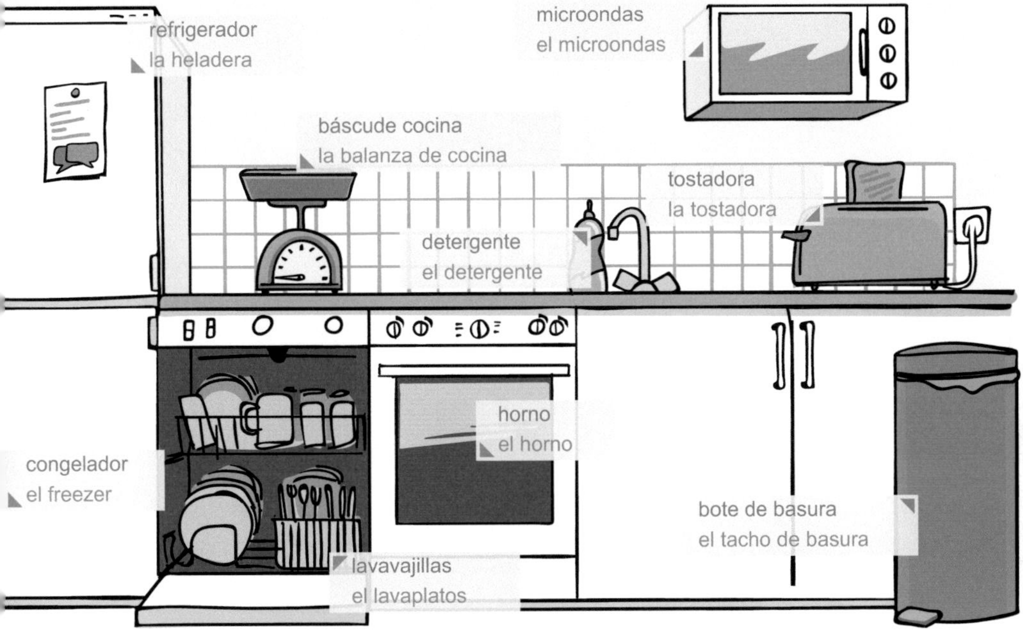

refrigerador
la heladera

microondas
el microondas

báscude cocina
la balanza de cocina

tostadora
la tostadora

detergente
el detergente

horno
el horno

congelador
el freezer

bote de basura
el tacho de basura

lavavajillas
el lavaplatos

opresión

la cocina

olla

la olla

olde hierro fundido

la olla de hierro fundido

wok

el wok

sartén

la sartén

hervidor

la pava

vaporera

la vaporera

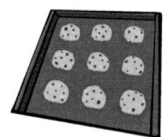

charode horno

la bandeja de horno

loza

la vajilla

taza

la taza

bol

el bol

palillos

los palitos

cucharón

el cucharón

espátula

la espátula

batidora

la batidora

colador

el colador

colador

el colador

rallador

el rallador

mortero

el mortero

barbacoa

la parrilla

fogata

la fogata

tabpara picar

la tabla de picar

rodillo para amasar

el palo de amasar

sacacorchos

el sacacorchos

lata

la lata

abrelatas

el abrelatas

guante de cocina

la manopla

fregadero

la pileta

cepillo

el cepillo

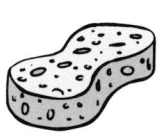

esponja

la esponja

batidora

la batidora

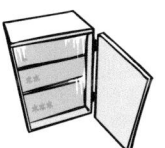

congelador

el congelador

biberón

la mamadera

llave

la canilla

baño

el baño

calefacción
la calefacción
ducha
la ducha
toalla
la toalla
cortina de ducha
la cortina de la ducha
baño de espuma
el baño de espuma
tina
la bañadera
lavadora
el lavarropas
vaso
el vaso
llave
la canilla
baldosas
las baldosas
bacinica
la pelela
fregadero
la pileta

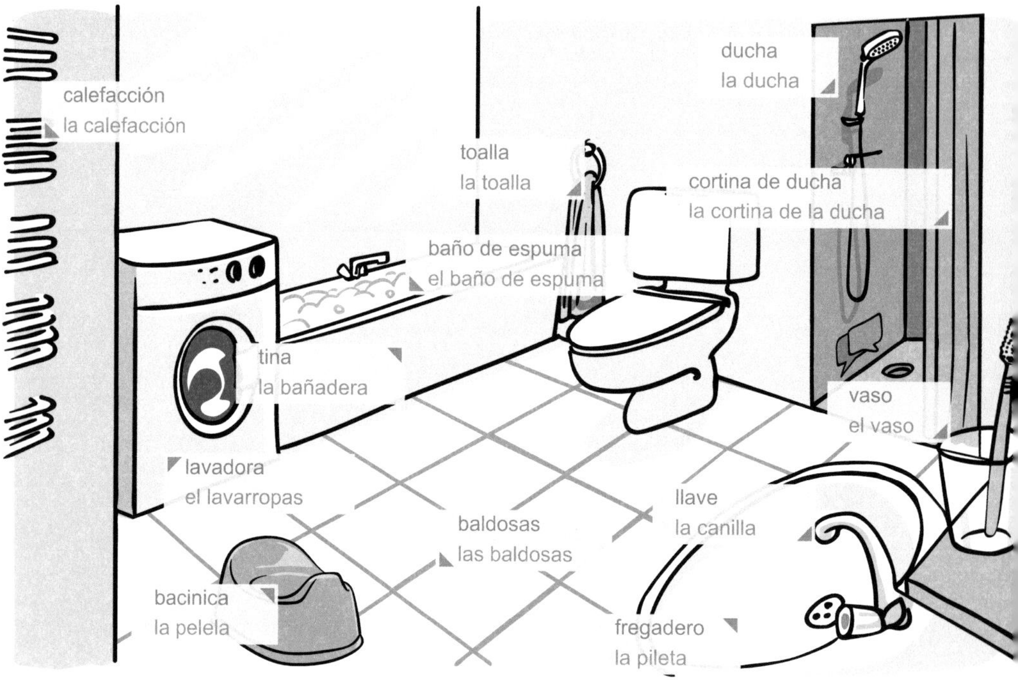

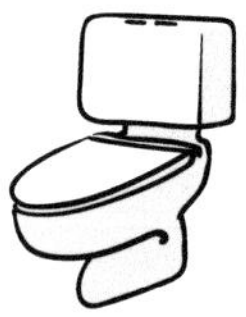

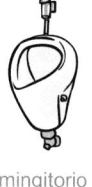

inodoro

el inodoro

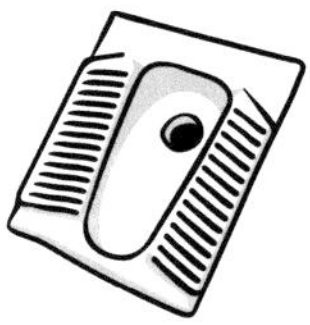

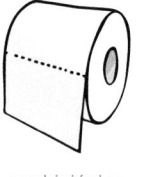

letrina

la letrina

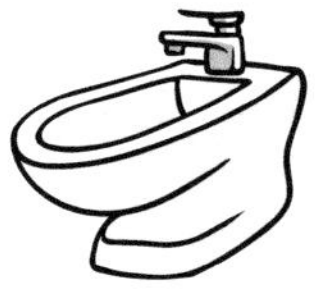

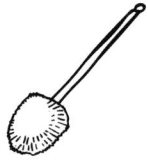

bidé

el bidé

mingitorio

el mingitorio

paphigiénico

el papel higiénico

cepillo para baño

el cepillo para el inodoro

cepillo de dientes

el cepillo de dientes

pasta dental

el dentífrico

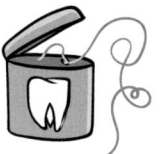

hilo dental

el hilo dental

lavar

lavar

ducha de mano

la ducha de mano

ducha vaginal

la ducha higiénica

fregadero

la palangana

cepillo de espalda

el cepillo para la espalda

jabón

el jabón

gde ducha

el gel de ducha

champú

el shampoo

toallita

la toallita

drenaje

el desagüe

crema

la crema

desodorante

el desodorante

espejo

el espejo

espejo de tocador

el espejito

máquina para afeitar

la maquinita de afeitar

espuma de afeitar

la espuma de afeitar

loción para después de afeitar

el aftershave

peine

el peine

cepillo

el cepillo

secadora

el secador de pelo

laca

el spray

maquillaje

el maquillaje

lápiz labial

el lápiz de labios

esmalte para uñas

el esmalte para uñas

algodón

el algodón

tijeras para uñas

la tijera para uñas

perfume

el perfume

estuche para cosméticos
el portacosméticos

taburete
la banqueta

báscula
la balanza

bata
la bata

guantes de goma
los guantes de goma

tampón
el tampón

toalsanitaria
la toallita femenina

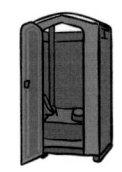

baño móvil
el baño químico

recámara de los niños
el cuarto de los chicos

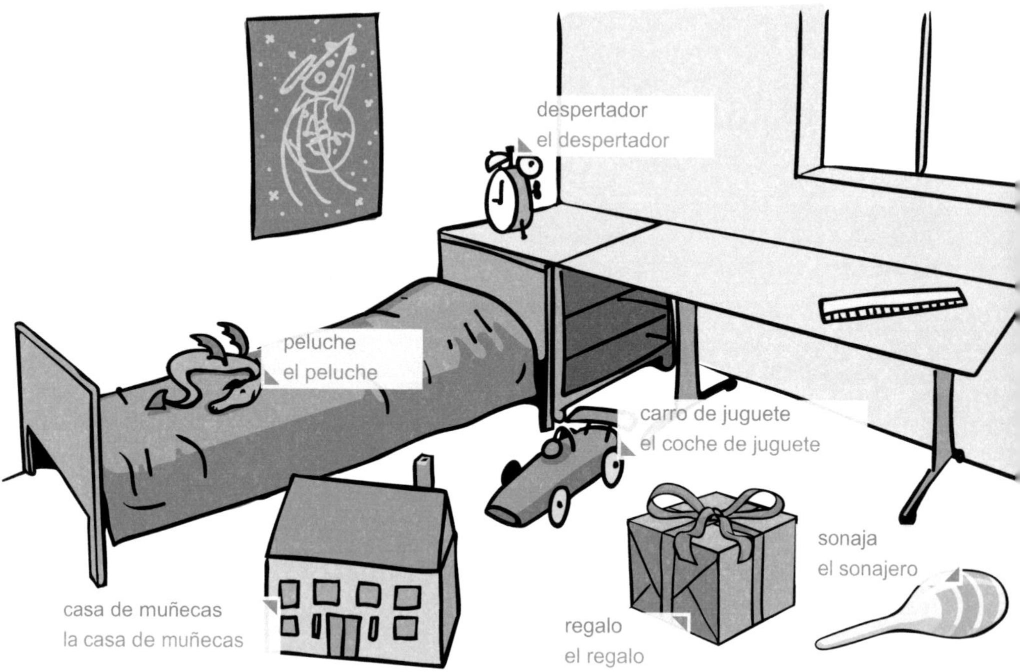
despertador
el despertador
peluche
el peluche
carro de juguete
el coche de juguete
sonaja
el sonajero
casa de muñecas
la casa de muñecas
regalo
el regalo

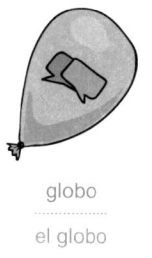

globo

el globo

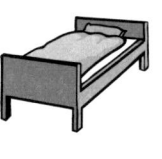

cama

la cama

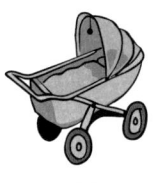

carriola

el cochecito

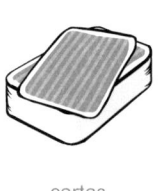

cartas

las cartas

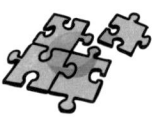

rompecabezas

el rompecabezas

SUPER
MEGA

cómic

la historieta

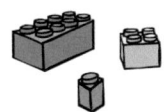

piezas de lego

las piezas de lego

bloques para jugar

los ladrillos de juguete

figura de acción

la figura de acción

mameluco

el enterito (de bebé)

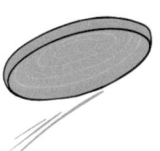

frisbee

el frisbee

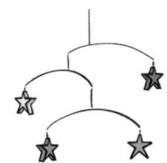

móvil para bebés

el móvil para bebés

juego de mesa

el juego de mesa

dados

los dados

tren eléctrico

el tren eléctrico

maniquí

el chupete

fiesta

la fiesta

álbum de fotos

el libro de cuentos ilustrado

balón

la pelota

muñeca

la muñeca

jugar

jugar

arenero

el arenero

columpio

la hamaca

juguetes

los juguetes

consode videojuegos

la consola de videojuegos

triciclo

el triciclo

oso de peluche

el osito de peluche

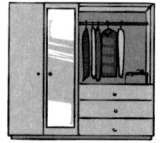

clóset

el armario

ropa

la ropa

calcetines

las medias

pantimedias

las medias panty

mallas

las calzas

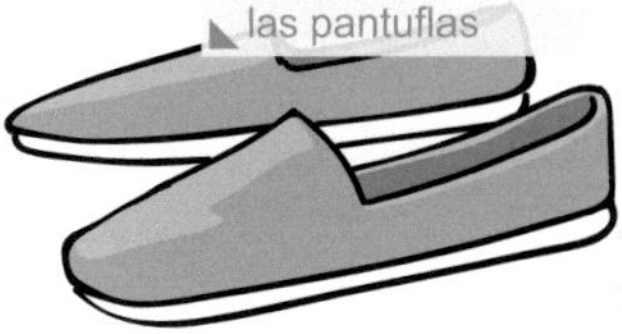

bufanda
la bufanda

paraguas
el paraguas

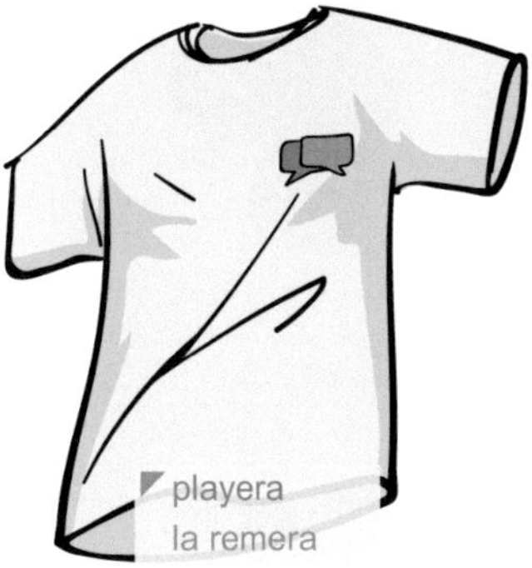

cinto
el cinturón

playera
la remera

tenis
las zapatillas

botas
las botas

chanclas
las pantuflas

sandalias
....
las sandalias

zapatos
....
los zapatos

botas de goma
....
las botas de goma

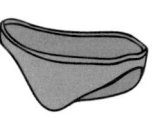

ropa interior
....
la ropa interior

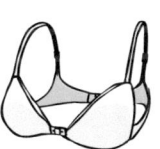

brasier
....
el corpiño

chaleco
....
el chaleco

body

el body

pantalones

los pantalones

pantalones de mezclilla

los jeans

falda

la pollera

blusa

la blusa

camisa

la camisa

suéter

el pulóver

sudadera

el buzo

saco sport

el blazer

chamarra

la campera

abrigo

el tapado

impermeable

el piloto

traje

el traje

vestido

el vestido

vestido de novia

el vestido de novia

ropa - la ropa

traje

el traje

camisón

el camisón

pijama

el pijama

sari

el sari

pañuelo para cabeza

el pañuelo para la cabeza

turbante

el turbante

burka

la burka

caftán

el caftán

abaya

la abaya

traje de baño

el traje de baño

short de baño

el short de baño

shorts

los shorts

pants

el jogging

delantal

el delantal

guantes

los guantes

botón

el botón

gafas

los anteojos

brazalete

la pulsera

collar

el collar

anillo

el anillo

arete

el aro

gorra

la gorra

gancho

la percha

sombrero

el sombrero

corbata

la corbata

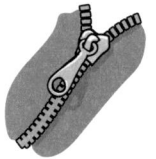

cierre

el cierre

casco

el casco

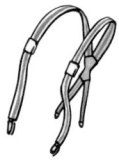

tirantes

los tiradores

uniforme

el uniforme escolar

uniforme

el uniforme

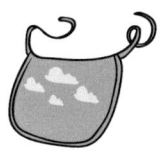

babero

el babero

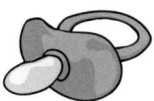

maniquí

el chupete

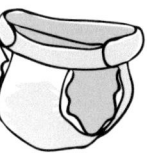

pañal

el pañal

oficina
la oficina

servidor
el servidor
archivo
el archivero
impresora
la impresora
pap
el papel
monitor
el monitor
escritorio
el escritorio
mouse
el mouse
carpeta
la carpeta
teclado
el teclado
bote de basura
el tacho (de basura)
computadora
la computadora
silla
la silla

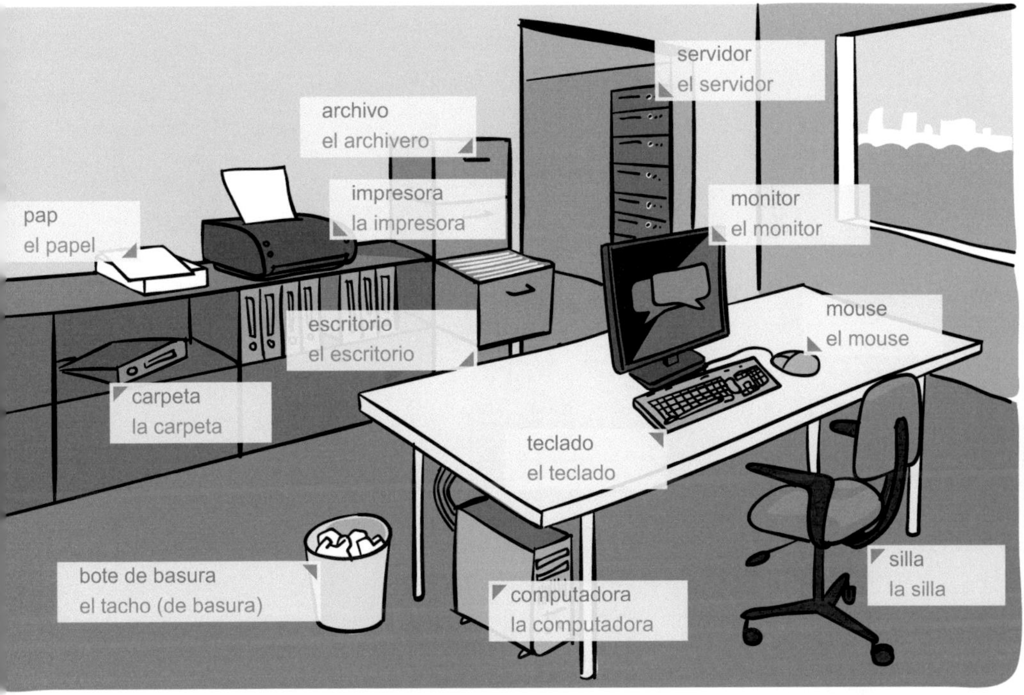

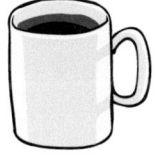

taza de café

la taza de café

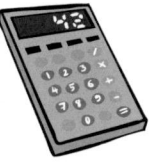

calculadora

la calculadora

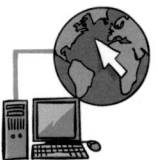

internet

el internet

notebook

la laptop

carta

la carta

mensaje

el mensaje

móvil

el celular

red

la red

fotocopiadora

la fotocopiadora

software

el software

teléfono

el teléfono

tomacorriente

el tomacorriente

fax

el fax

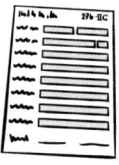

formulario

el formulario

documento

el documento

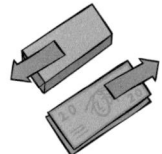

comprar
comprar

pagar
pagar

hacer negocios
hacer negocios

dinero
el dinero

dólar
el dólar

euro
el euro

yen
el yen

rublo
el rublo

franco suizo
el franco suizo

yuan
el yuan

rupia
la rupia

cajero automático
el cajero automático

casa de cambio

la casa de cambio

oro

el oro

plata

la plata

petróleo

el petróleo

energía

la energía

precio

el precio

contrato

el contrato

impuesto

el impuesto

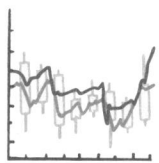

acción

la acción

trabajar

trabajar

empleado

el empleado

empleador

el empleador

fábrica

la fábrica

tienda

el negocio

ocupaciones
las ocupaciones

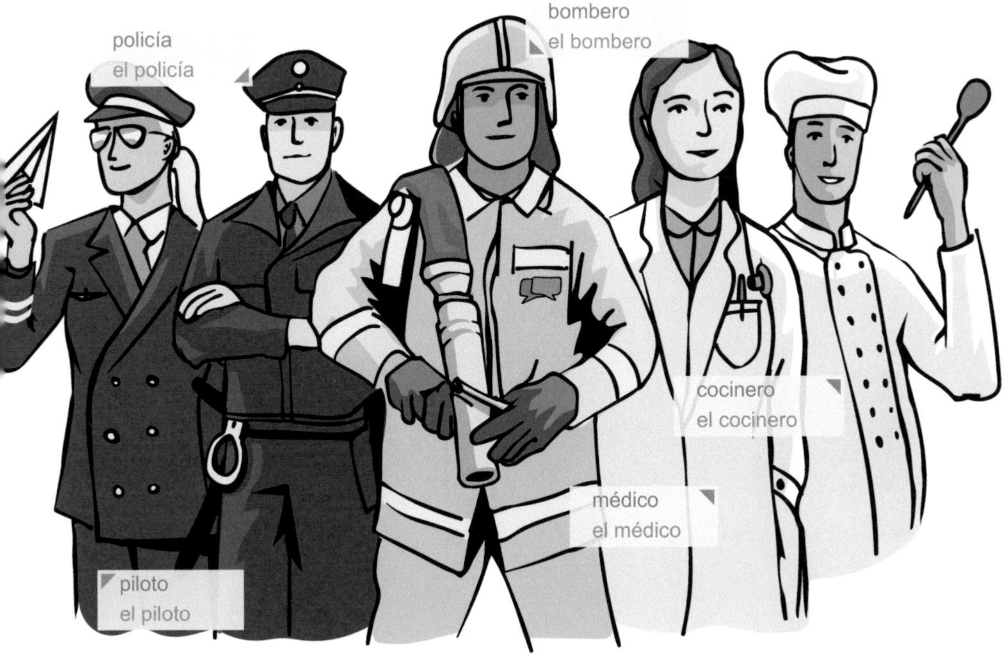
policía
el policía
bombero
el bombero
cocinero
el cocinero
médico
el médico
piloto
el piloto

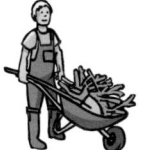

jardinero

el jardinero

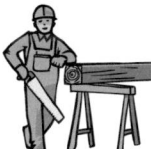

carpintero

el carpintero

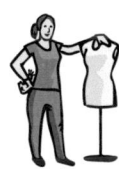

costurera

la modista

juez

el juez

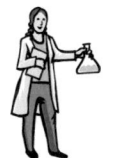

farmacéutico

el farmacéutico

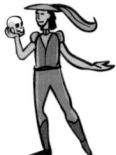

actor

el actor

conductor de autobús

el colectivero

taxista

el taxista

pescador

el pescador

señora de limpieza

la mucama

instalador de techos

el techista

camarero

el mozo

cazador

el cazador

pintor

el pintor

panadero

el panadero

electricista

el electricista

obrero

el albañil

ingeniero

el ingeniero

carnicero

el carnicero

plomero

el plomero

cartero

el cartero

soldado

el soldado

arquitecto

el arquitecto

cajero

el cajero

florista

el florista

peluquero

el peluquero

cobrador

el cobrador

mecánico

el mecánico

capitán

el capitán

dentista

el dentista

científico

el científico

rabino

el rabino

imán

el imán

monje

el monje

sacerdote

el sacerdote

herramientas
las herramientas

martillo
el martillo
pinza
la tenaza
desarmador
el destornillador
linterna
la linterna
llave
la llave

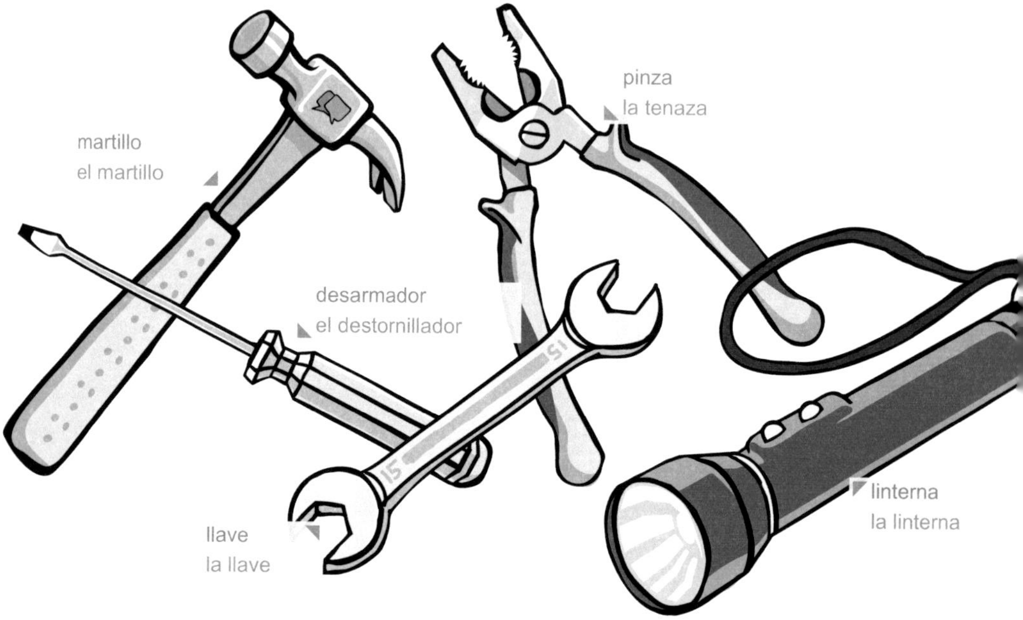

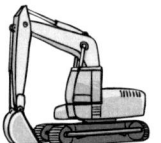

excavadora

la excavadora

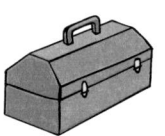

caja de herramientas

la caja de herramientas

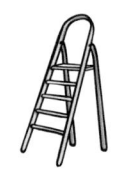

escalera de mano

la escalera portátil

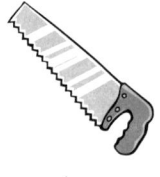

sierra

la sierra

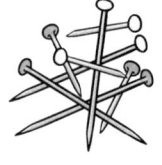

clavos

los clavos

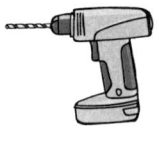

taladro

el taladro

reparar

arreglar

pala

la pala de jardín

¡Maldición!

¡Qué bronca!

recogedor

la pala de plástico

bote de pintura

el tacho de pintura

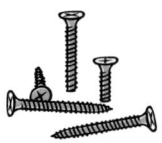

tornillos

los tornillos

instrumentos musicales
los instrumentos musicales

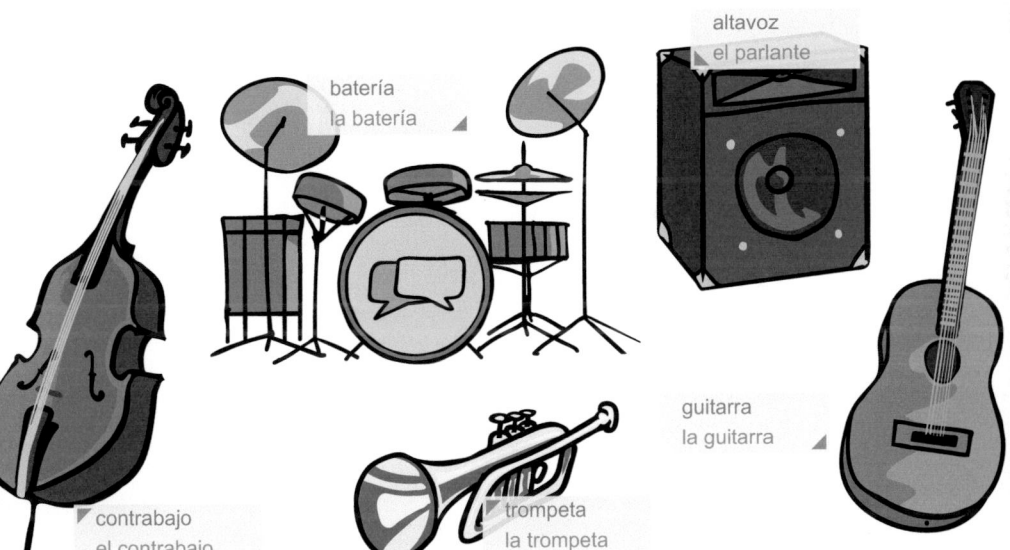

altavoz
el parlante

batería
la batería

guitarra
la guitarra

contrabajo
el contrabajo

trompeta
la trompeta

piano
el piano

violín
el violín

bajo
el bajo

timbales
los timbales

tambor
el tambor

teclado
el teclado

saxofón
el saxofón

flauta
la flauta

micrófono
el micrófono

zoológico
el zoológico

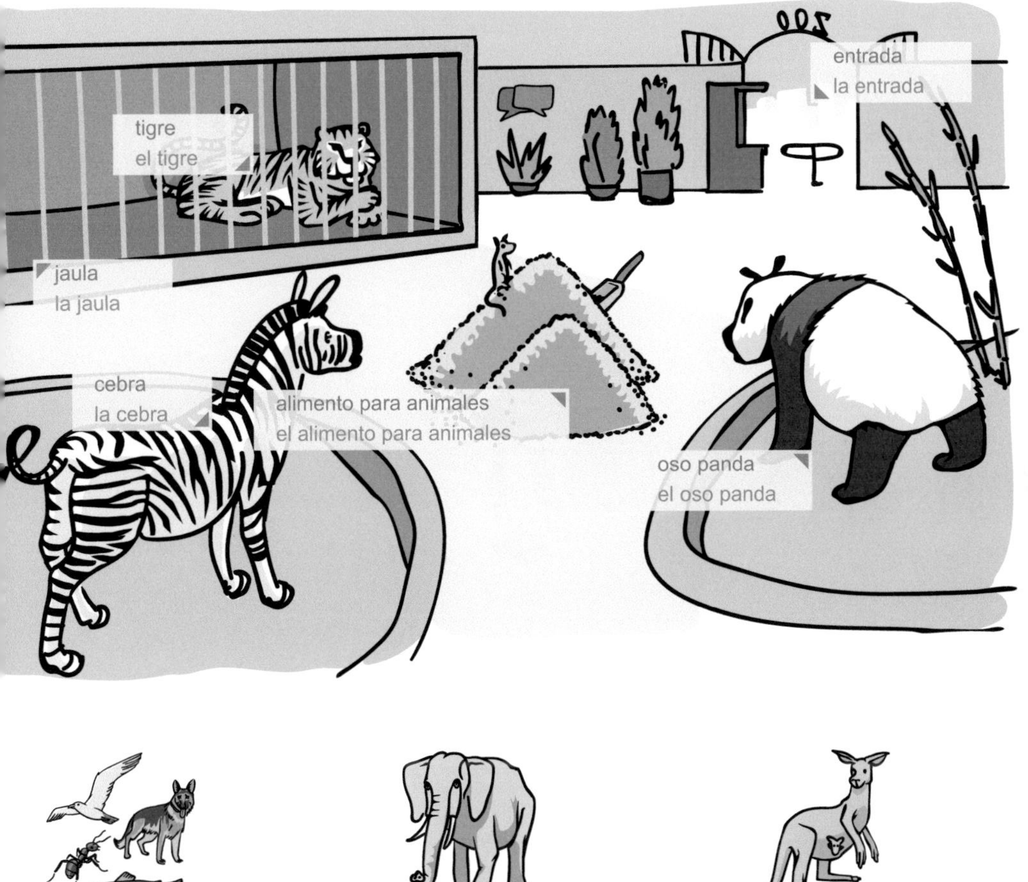
entrada
la entrada
tigre
el tigre
jaula
la jaula
cebra
la cebra
alimento para animales
el alimento para animales
oso panda
el oso panda

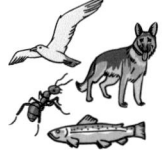

animales

los animales

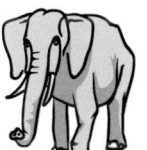

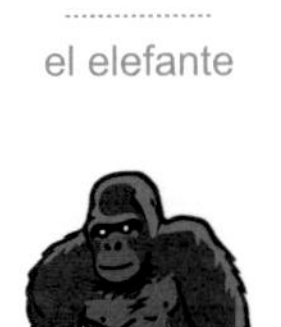

elefante

el elefante

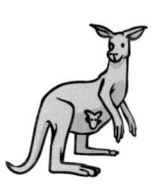

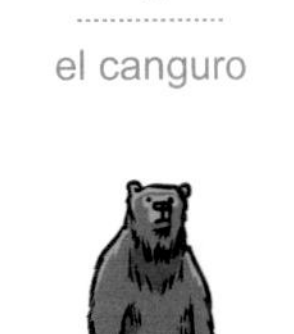

canguro

el canguro

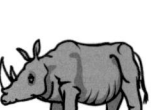

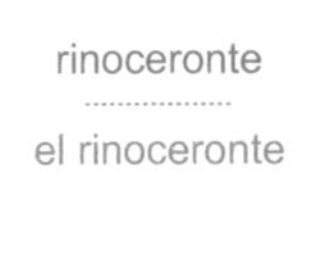

rinoceronte

el rinoceronte

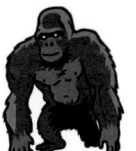

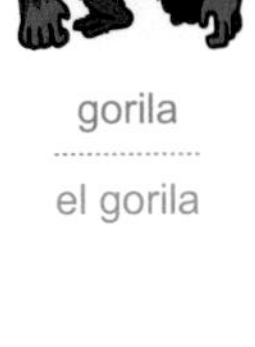

gorila

el gorila

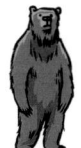

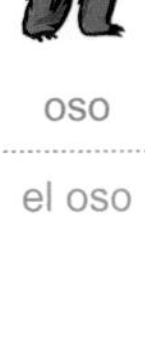

oso

el oso

camello

el camello

avestruz

el avestruz

león

el león

mono

el mono

flamenco

el flamenco

loro

el loro

oso polar

el oso polar

pingüino

el pingüino

tiburón

el tiburón

pavo real

el pavo real

serpiente

la serpiente

cocodrilo

el cocodrilo

guardián de zoológico

el cuidador del zoológico

foca

la foca

jaguar

el jaguar

poni

el poni

leopardo

el leopardo

hipopótamo

el hipopótamo

jirafa

la jirafa

águila

el águila

jabalí

el jabalí

pescado

el pescado

tortuga

la tortuga

morsa

la morsa

zorro

el zorro

gacela

la gacela

fútbol americano
el fútbol americano

ciclismo
el ciclismo

tenis
el tenis

baloncesto
el básquet

natación
la natación

boxeo
el boxeo

hockey sobre hielo
el hockey sobre hielo

fútbol
el fútbol

bádminton
el bádminton

atletismo
el atletismo

handball
el handball

esquí
el esquí

polo
el polo

saltar
saltar

abrazar
abrazar

reír
reír

caminar
caminar

cantar
cantar

soñar
soñar

rezar
rezar

besar
besar

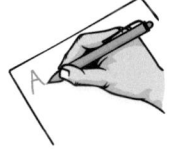

escribir
escribir

dibujar
dibujar

mostrar
mostrar

empujar
presionar

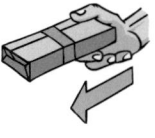

dar
dar

tomar
tomar

tener

tener

hacer

hacer

ser

ser

estar parado

estar parado

correr

correr

jalar

tirar

arrojar

tirar

caer

caer

estar acostado

estar acostado

esperar

esperar

llevar

llevar

estar sentado

estar sentado

vestirse

vestirse

dormir

dormir

despertar

despertar

mirar

mirar

llorar

llorar

acariciar

acariciar

peinar

peinar

hablar

hablar

entender

entender

preguntar

preguntar

escuchar

escuchar

beber

beber

comer

comer

ordenar

ordenar

amar

amar

cocinar

cocinar

conducir

manejar

volar

volar

navegar

navegar

calcular

calcular

leer

leer

aprender

aprender

trabajar

trabajar

casarse

casarse

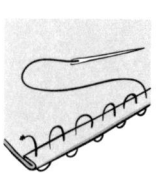

coser

coser

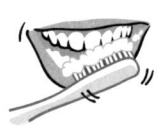

cepillarse los dientes

cepillarse los dientes

matar

matar

fumar

fumar

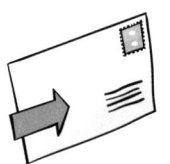

enviar

enviar

familia
la familia

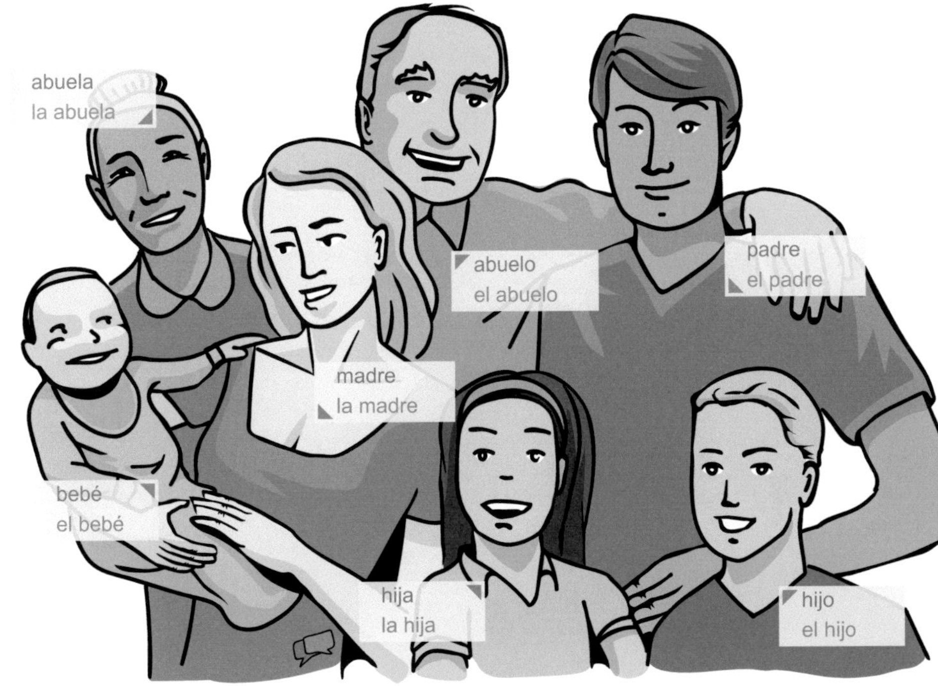

abuela
la abuela
abuelo
el abuelo
padre
el padre
madre
la madre
bebé
el bebé
hija
la hija
hijo
el hijo

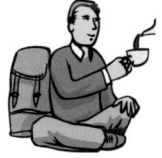

invitado

el invitado

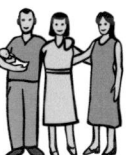

tía

la tía

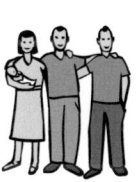

tío

el tío

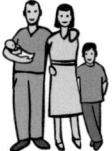

hermano

el hermano

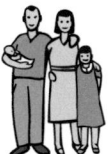

hermana

la hermana

cuerpo

el cuerpo

frente
la frente
ojo
el ojo
hombro
el hombro
dedo
el dedo
cara
la cara
barbilla
la pera
mano
la mano
pecho
el pecho
pierna
la pierna
brazo
el brazo

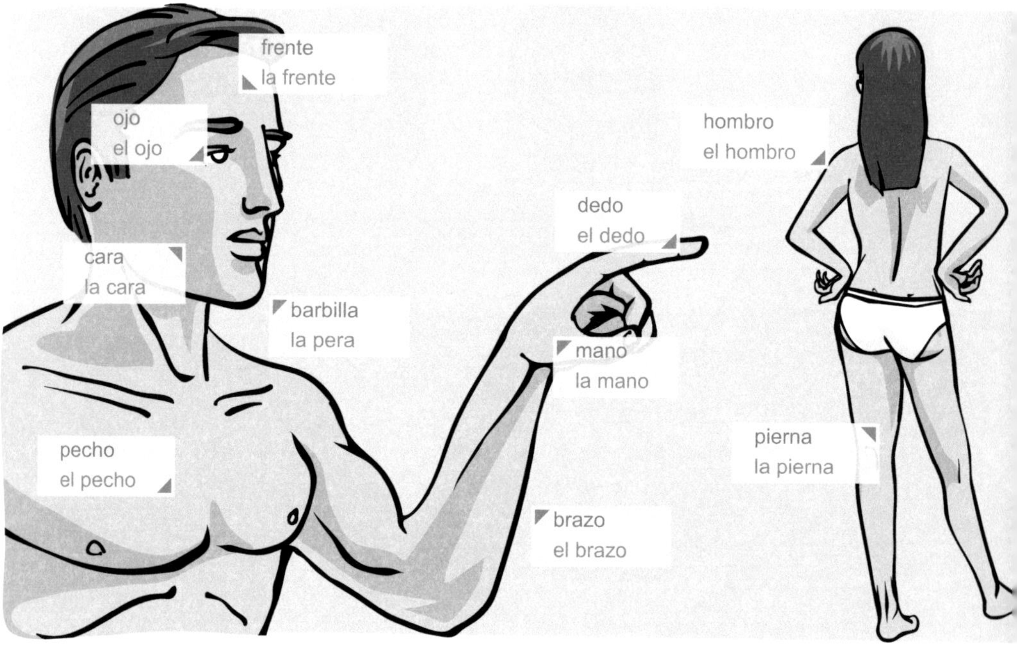

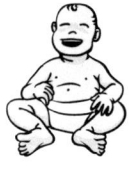

bebé

el bebé

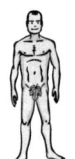

hombre

el hombre

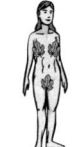

mujer

la mujer

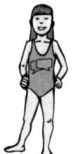

niña

la nena

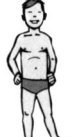

niño

el nene

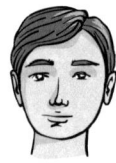

cabeza

la cabeza

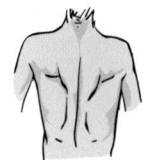

espalda

la espalda

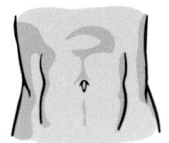

barriga

la panza

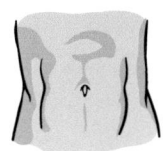

ombligo

el ombligo

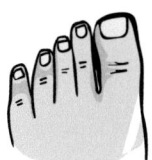

dedo dpie

el dedo del pie

talón

el talón

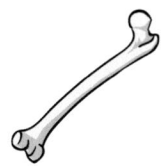

hueso

el hueso

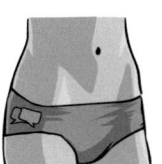

cadera

la cadera

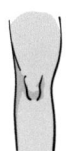

rodilla

la rodilla

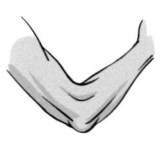

codo

el codo

nariz

la nariz

pompis

la cola

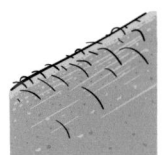

piel

la piel

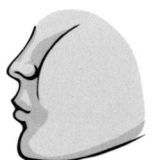

mejilla

el cachete

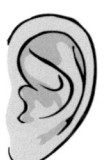

oído

la oreja

labio

el labio

cuerpo - el cuerpo

boca

la boca

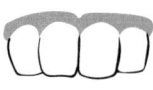

diente

el diente

lengua

la lengua

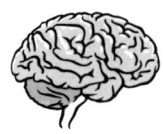

cerebro

el cerebro

corazón

el corazón

músculo

el músculo

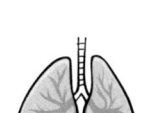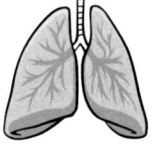

pulmón

el pulmón

hígado

el hígado

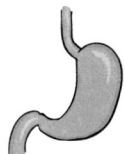

estómago

el estómago

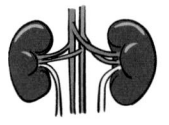

riñones

los riñones

sexo

el sexo

condón

el preservativo

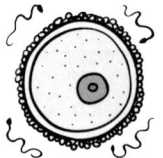

óvulo

el óvulo

semen

el semen

embarazo

el embarazo

cuerpo - el cuerpo

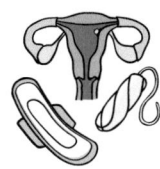

menstruación

la menstruación

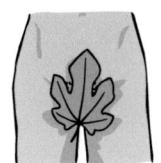

vagina

la vagina

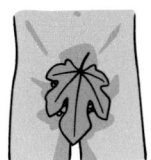

pene

el pene

ceja

la ceja

cabello

el pelo

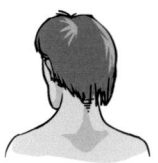

cuello

el cuello

hospital
el hospital

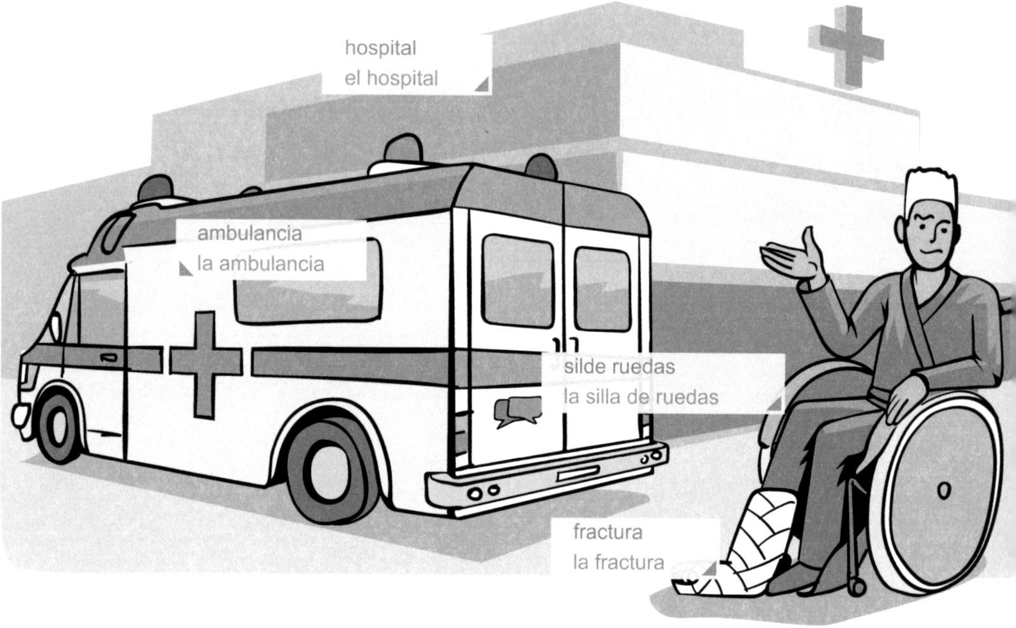

hospital
el hospital
ambulancia
la ambulancia
silde ruedas
la silla de ruedas
fractura
la fractura

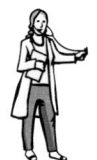

médico

el médico

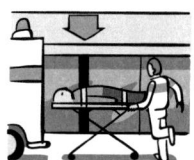

sade emergencias

la sala de guardia

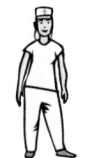

enfermera

la enfermera

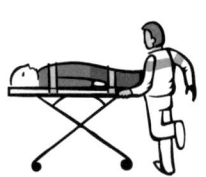

emergencia

la emergencia

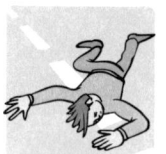

inconsciente

inconsciente

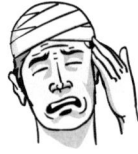

dolor

el dolor

lesión

la lesión

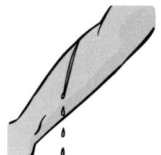

hemorragia

la hemorragia

infarto

el infarto

accidente cerebrovascular

el ACV

alergia

la alergia

tos

la tos

fiebre

la fiebre

gripa

la gripe

diarrea

la diarrea

dolor de cabeza

el dolor de cabeza

cáncer

el cáncer

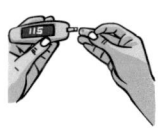

diabetes

la diabetes

cirujano

el cirujano

bisturí

el bisturí

operación

la operación

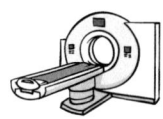

TC
la TC

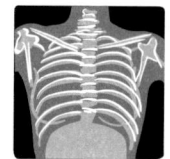

rayos x
los rayos x

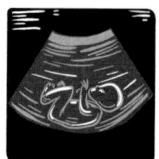

ultrasonido
la ecografía

mascarilla
el barbijo

enfermedad
la enfermedad

sade espera
la sala de espera

muleta
la muleta

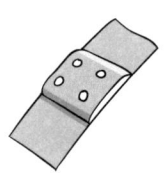

vendita
la curita

vendaje
la venda

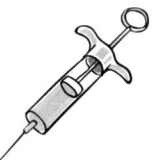

inyección
la inyección

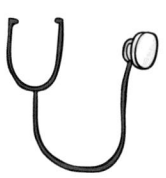

estetoscopio
el estetoscopio

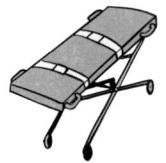

camilla
la camilla

termómetro
el termómetro

nacimiento
el nacimiento

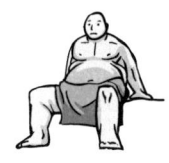

sobrepeso
el sobrepeso

hospital - el hospital

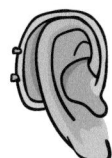

audífono

el audífono

desinfectante

el desinfectante

infección

la infección

virus

el virus

VIH / SIDA

el VIH / SIDA

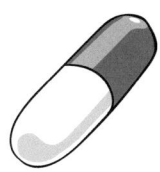

medicina

el remedio

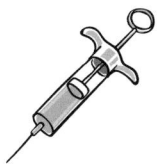

vacunación

la vacunación

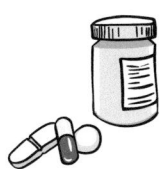

tabletas

los comprimidos

pastilanticonceptiva

la pastilla anticonceptiva

llamada de emergencia

la llamada de emergencia

medidor de presión

el tensiómetro

enfermo / sano

enfermo / sano

¡Socorro!
¡Ayuda!

alarma
la alarma

agresión
la agresión

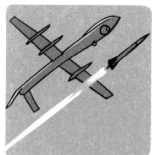

ataque
el ataque

peligro
el peligro

salida de emergencia
la salida de emergencia

¡Fuego!
¡Fuego!

extintor de incendios
el matafuego

accidente
el accidente

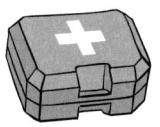

botiquín de primeros
auxilios
el botiquín de primeros
auxilios

SOS
el SOS

policía
la policía

Europa

Europa

Norteamérica

América del Norte

Sudamérica

América del Sur

África

África

Asia

Asia

Australia

Australia

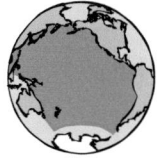

Atlántico

el Atlántico

Pacífico

el Pacífico

Océano Índico

el Océano Índico

Océano Antártico

el Océano Antártico

Océano Ártico

el Océano Ártico

polo norte

el polo norte

polo sur

el polo sur

Antártida

la Antártida

tierra

la Tierra

tierra

la tierra

mar

el mar

isla

la isla

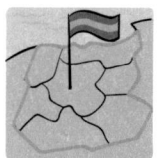

nación

la nación

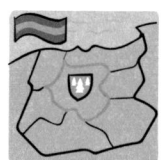

estado

el estado

tierra - la Tierra

esfera

la esfera

manecilde las horas

la manecilla de las horas

minutero

el minutero

segundero

el segundero

¿Qué hora es?

¿Qué hora es?

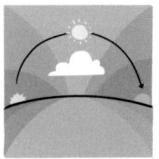

día

el día

hora

la hora

ahora

ahora

reloj digital

el reloj digital

minuto

el minuto

hora

la hora

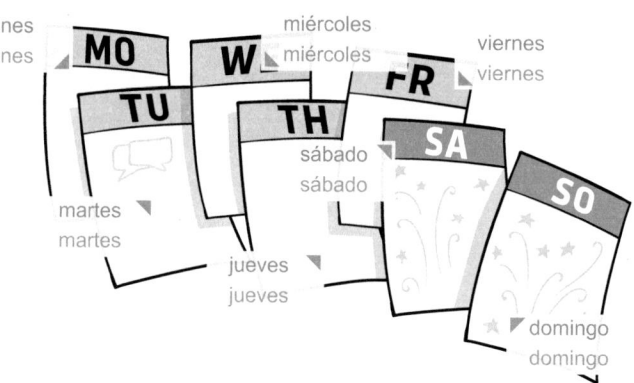

lunes
lunes

miércoles
miércoles

viernes
viernes

martes
martes

jueves
jueves

sábado
sábado

domingo
domingo

ayer

ayer

hoy

hoy

mañana

mañana

mañana

la mañana

mediodía

el mediodía

tarde

la tarde

días laborables

los días hábiles

fin de semana

el fin de semana

lluvia
la lluvia

arco iris
el arco iris

nieve
la nieve

viento
el viento

primavera
la primavera

otoño
el otoño

verano
el verano

invierno
el invierno

4.APRIL	11°	☀
5.APRIL	4°	☁
6.APRIL	13°	☂
7.APRIL	8°	☀
8.APRIL	10°	☀

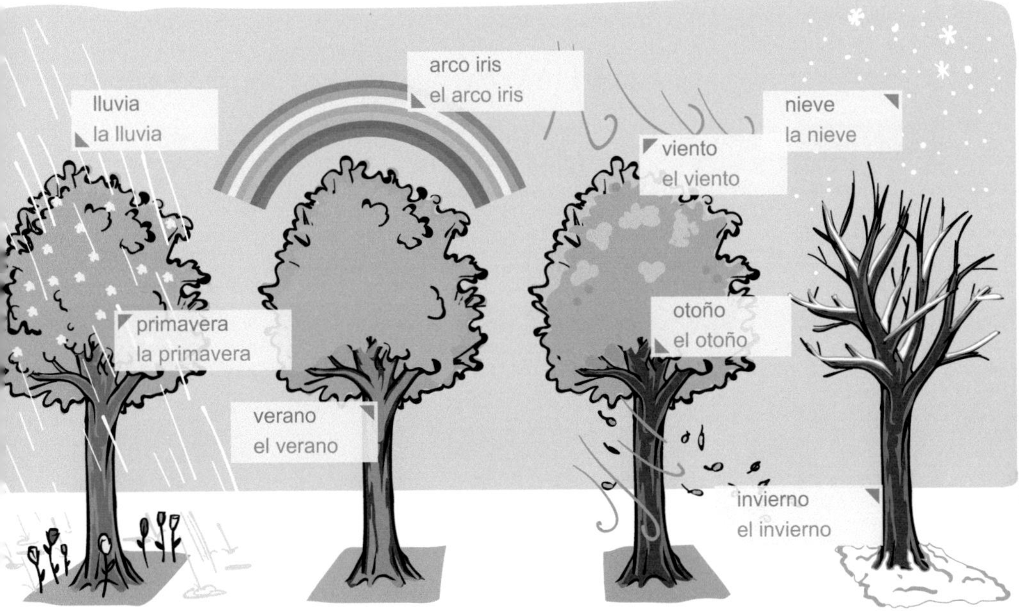

pronóstico dtiempo

l pronóstico meteorológico

termómetro

el termómetro

sol

la luz del sol

nube

la nube

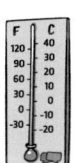

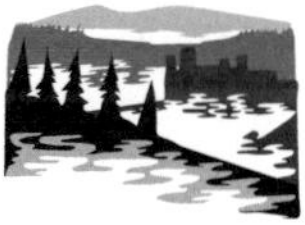

niebla

la niebla

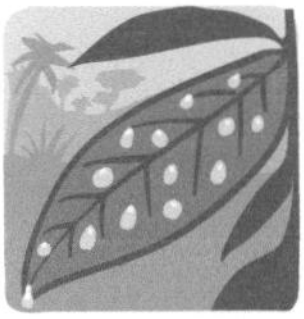

humedad

la humedad

rayo

el rayo

trueno

el trueno

tormenta

la tormenta

granizo

el granizo

monzón

el monzón

inundación

la inundación

hielo

el hielo

enero

enero

febrero

febrero

marzo

marzo

abril

abril

mayo

mayo

junio

junio

julio

julio

agosto

agosto

año - el año

septiembre
septiembre

octubre
octubre

noviembre
noviembre

diciembre
diciembre

formas
las formas

círculo
el círculo

cuadrado
el cuadrado

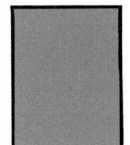

rectángulo
el rectángulo

triángulo
el triángulo

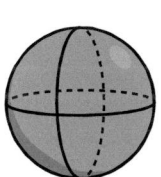

esfera
la esfera

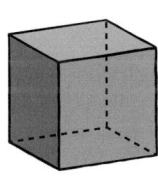

cubo
el cubo

colores

blanco

blanco

amarillo

amarillo

naranja

naranja

rosa

rosa

rojo

rojo

morado

violeta

azul

azul

verde

verde

marrón

marrón

gris

gris

negro

negro

mucho / poco

mucho / poco

enojado / tranquilo

enojado / tranquilo

bonito / feo

lindo / feo

principio / fin

el principio / el fin

grande / pequeño

grande / chico

claro / oscuro

claro / oscuro

hermano / hermana

el hermano / la hermana

limpio / sucio

limpio / sucio

completo / incompleto

completo / incompleto

día / noche

el día / la noche

muerto / vivo

muerto / vivo

ancho / angosto

ancho / angosto

comestible / no comestible

comestible / no comestible

malo / amable

malo / amable

entusiasmado / aburrido

entusiasmado / aburrido

gordo / delgado

gordo / flaco

primero / último

primero / último

amigo / enemigo

el amigo / el enemigo

lleno / vacío

lleno / vacío

duro / blando

duro / blando

pesado / ligero

pesado / liviano

hambre / sed

el hambre / la sed

enfermo / sano

enfermo / sano

ilegal / legal

ilegal / legal

inteligente / tonto

inteligente / estúpido

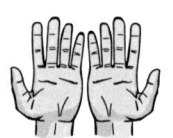

izquierda / derecha

izquierda / derecha

cerca / lejos

cerca / lejos

opuestos - los opuestos

nuevo / usado

nuevo / usado

nada / algo

nada / algo

viejo / joven

viejo / joven

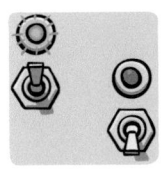

encendido / apagado

encendido / apagado

abierto / cerrado

abierto / cerrado

silencioso / ruidoso

silencioso / ruidoso

rico / pobre

rico / pobre

correcto / incorrecto

correcto / incorrecto

áspero / suave

áspero / suave

triste / contento

triste / contento

corto / largo

corto / largo

lento / rápido

lento / rápido

húmedo / seco

mojado / seco

caliente / frío

caliente / frío

guerra / paz

guerra / paz

0

cero

cero

1

uno

uno

2

dos

dos

3

tres

tres

4

cuatro

cuatro

5

cinco

cinco

6

seis

seis

7

siete

siete

8

ocho

ocho

9

nueve

nueve

10

diez

diez

11

once

once

12

doce

doce

13

trece

trece

14

catorce

catorce

15

quince

quince

16

dieciséis

dieciséis

17

diecisiete

diecisiete

18

dieciocho

dieciocho

19

diecinueve

diecinueve

20

veinte

veinte

100

cien

cien

1.000

mil

mil

1.000.000

millón

el millón

los idiomas

inglés

el inglés

inglés americano

el inglés americano

chino mandarín

el chino mandarín

hindi

el hindi

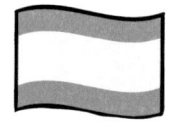

español

el español

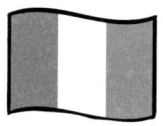

francés

el francés

árabe

el árabe

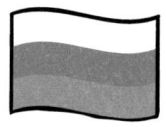

ruso

el ruso

portugués

el portugués

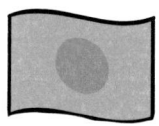

bengalí

el bengalí

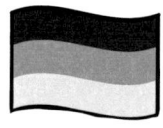

alemán

el alemán

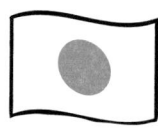

japonés

el japonés

yo
yo

tú
vos

él / ella
él / ella

nosotros
nosotros

vosotros
ustedes

ellos
ellos

¿quién?
¿quién?

¿qué?
¿qué?

¿cómo?
¿cómo?

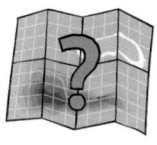

¿dónde?
¿dónde?

¿cuándo?
¿cuándo?

nombre
el nombre

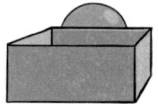

detrás

detrás

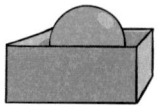

en

en

delante de

adelante de

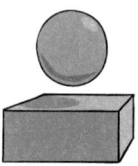

por encima de

por encima de

sobre

sobre

debajo de

debajo de

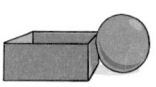

junto a

al lado de

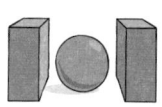

entre

entre

lugar

el lugar